OPERA PANTUN

GALERI PANTUN

ALAN REIS

Galeri Pantun (Opera Pantun)

Alan Reis
Copyright © Alan Reis

Penyunting: Ikhwanul Halim
Desain Sampul & Tata Letak: Tim Pimedia

Diterbitkan oleh PIMEDIA Bandung
92 hlm. (vi+88)
Cetakan pertama, 2023

ISBN 978-623-6488-96-6

Hak cipta dilindungi undang-undang. Dilarang memperbanyak atau memindahkan sebagian atau seluruh isi buku ini ke dalam bentuk apa pun, baik secara elektronik maupun mekanik, termasuk memfotokopi, rekaman, dan lain-lain tanpa izin tertulis dari penerbit.

Dicetak oleh PIMEDIA Bandung.

Pertama-tama puji dan syukur ke hadirat Allah SWT, yang telah banyak melimpahkan karunia-Nya. Juga kepada Baginda Nabi Besar kita Nabi Muhammad SAW, semoga kita diakui sebagai umatnya.

Untuk Alm. Bapak, Ibu dan adik-adikku tersayang, Alm. Bapak Moch Bihan, Ibu Sri Sugiarti, Dua Purnomo Aji, dan Siti Hana Pertiwi, yang sudah banyak sekali memberi pelajaran yang berharga.

Untuk istriku tercinta dan anak-anakku tersayang, Yuyun Nurhaeni, Revan Maulidan, Reyhan Agustian dan Ayyara Udzma Giovanni yang telah menemani hari-hariku dan selalu mendukung sehingga terwujudnya "Galeri Pantun" ini.

Untuk rekan-rekan di Kompasiana dan Opera Pantun semuanya. Dari kalian aku banyak belajar.

Untuk Pak Ikhwanul Halim beserta Kompasiana dan Pimedia yang sudah banyak memberi tempat dan waktunya.

Untuk guruku, Ustadz Abi Juen beserta Ummi yang sudah banyak menginspirasi dalam kehidupan.

Untuk teman-teman seperjuanganku, Muhammad Irfan Hilmi, Agus Setiadi (Ademin), Kang Wawan, Kang Afeng Shui, Angga Maul, Kang Pedro, Kang Mail, Kang Wahid Garage, Kang Deni Shober, Pak Rimba dan teman lainnya yang tidak dapat disebutkan satu per satu yang sudah banyak memberi motivasi.

Juga tak lupa untuk Majelis Al-Madani, Majelis GOP, Majelis Tafaqquh, Majelis & Rumah Qur'an Amaluna dan Relawan Independent yang sudah memberi banyak kekuatan.

Terimakasih banyak yang sebesar-besarnya, semoga Allah mencurahkan nikmat dan rahmat-Nya selalu. Tanpa kalian semua, "Galeri Pantun" ini tidak akan tercipta.

Semoga "Galeri Pantun" ini dapat bermanfaat untuk kita semuanya. Aamiin.

Sindangkerta, 12-08-2023

Alan Reis (AR)

Daftar Isi

Daftar Isi v
Pantun Gombal (1)..1
Pantun Gombal (2) 3
Pantun Mengaji (1) 5
Pantun Mengaji (2).. 7
Sang Pejabat Tebal Muka (1) 9
Sang Pejabat Tebal Muka (2) 11
Paku Alam Tatar Pasundan 13
Pantun Tasawuf (1) 15
Pantun Tasawuf (2).. 17
Pantun (Rahasia) Manusia 21
Pantun Furu'iyah (1)..23
Pantun Furu'iyah (2) 25
Pantun Umat Akhir Zaman 27
Pantun Tanda Akhir Zaman 30
Pantun Sejarah Jenaka: Abu Nawas (1) 32
   Abu Nawas dan Enam Lembu 32
Pantun Sejarah Jenaka: Abu Nawas (2).....................34
   Abu Nawas Anti Hujan 34
Pantun Sejarah Jenaka: Abu Nawas (3) 37
   Raja Disuruh Jadi Pengemis 37
Pantun Sejarah Jenaka: Abu Nawas (4) 40
   Baghdad Kedatangan Peramal 40
Pantun Hikmah (1): Jujur dalam Berdagang............. 43
Pantun Hikmah (2): Ramah Dalam Berdagang.......... 45
Pantun Khazanah (1): 5 Fase Umat Islam 47
   Masa Rasulullah SAW 47
Pantun Khazanah (2): 5 Fase Umat Islam 49

- Fase Khulafa'ur Rasyidin 49
- Pantun Khazanah (3): 5 Fase Umat Islam 51
  - Fase Kerajaan yang Menggigit I 51
- Pantun Khazanah 3 (b): 5 Fase Umat Islam 53
- Pantun Khazanah 3 (c): 5 Fase Umat Islam 55
- Pantun Khazanah 4: 5 Fase Umat Islam 57
  - Fase Mulkan Jabbariyan 57
- Pantun Khazanah 5: 5 Fase Umat Islam 58
  - Fase Imam Mahdi 58
- Pantun Sahabat (1) 60
- Pantun Sahabat (2) 62
- Pantun Shalat Jum'at 64
- Pantun Habit 66
- Pantun Cinta Tanah Air 68
- Pantun Gotong Royong 70
- Pantun Sayyidina Ali 72
- Pantun Semesta (Bumi) 74
- Pantun Alam Semesta (Tata Surya) 76
- Pantun Persatuan 78
- Pantun Kemenangan 80
- Tentang Penulis 82

Pantun Gombal (1)

Jalan-jalan ke kota wajit
Pulangnya mampir ke moch toha
Aduh kenapa hati ini sakit
Ternyata kamu sudah ada yang punya

Ngaji di surau deket empang
Pulangnya bawa keripik dan rambutan
Jangan galau jangan bimbang
Karena kamu cantik dan menawan

Anak gadis bermain karet tali
Melihat ikan dipinggir sawah
Wahai sang pujaan hati
Melihat kamu makan begitu indah

Minum susu minum kopi
Diaduknya dengan pisau
Aduhai si cantik yang memakai topi
Jangan pergi membuatku galau

Main petak umpet main gangsing
Dekat pohon jambu yang berbunga melati
Wahai kamu yang berbadan langsing
Sungguh indah memikat hati

Berjemur manja di pinggir pantai
Minum es kelapa dicampur jamu
Melihat kamu berhati landai
Sungguh aku selalu ingat kamu

Sindangkerta, 26-05-23

Pantun Gombal (2)

Lari lari di senayan
Ada atlet sedang semedi
Lihat kamu tebar senyuman
Kadar gulanya begitu tinggi

Naik pesawat ke singaparna
Pulangnya mampir ke jerman
Hey kamu yang pakai bandana
Membuat hati terasa ser seran

Ada batu di balik udang
Di pinggirnya ada jalan berlumpur
Aduhai janda berhias gelang
Membuat aku tidak bisa tidur

Lalu lalang anak pulang sekolah
Begitu ramai dipinggir jalan
Wahai kamu jangan berkeluh kesah
Kemarilah biar abang kasih pelukan

Sore sore ke pasar tumpah
Banyak pedagang kaki lima
Lihat kamu memakai baju merah
Sungguh membuat aku terkesima

Ke kuliner malam jajan martabak
Dengan topping rasa keju kacang
Mencium parfummu yang begitu semerbak
Membuat aku dimabuk kepayang

Sindangkerta, 27-05-23

Pantun Mengaji (1)

Ada surau dekat kolam ikan
Di halamannya ada tanaman yang merambat
Mari kita teguhkan iman
Dengan mengaji untuk bekal akhirat

Surau itu di bangun megah
Tidak ada Al-Qur'an yang usang
Hindarilah berkeluh kesah
Mengajilah agar hati tenang

Hati tenang hidup menjadi ringan
Melangkah pasti tidak akan ragu
Kalau mengaji hilanglah beban
Menjadi santri yang ta'dzim pada guru

Guruku yang sangat kuhormati
Tanpa pamrih memberi ilmu
Wahai kamu yang hilang jatidiri
Ikutlah mengaji bersamaku

Jangan malu jangan ragu
Karena aku mengajak pada kebenaran
Kita sama sama menggali ilmu
Agar tahu dimana jalan keselamatan

Jalan selamat yang kita cari
Jalurnya lurus menuju akhirat
Teruslah semangat dalam mengaji
Agar pahalanya terus berlipat

Pahala berlipat karena bersama sama
Dituntun guru agar tak menyimpang
Ridho Illahi dapatnya syurga
Penuh keberkahan yang tidak akan hilang

Sindangkerta, 28-05-23

Pantun Mengaji (2)

Para petani pergi ke sawah
Dengan riang berkendara kuda
Mari mengaji 'tuk mendapat berkah
Ridho Illahi adalah tujuannya

Untuk mendapat ridho Illahi
Harus patuh terhadap guru
Sebab mengaji jangan asal mengaji
Nanti kita tidak dapat keutamaan ilmu

Ilmu yang baik adalah ngaji diri
Tidak lupa pula ngaji rasa
Perbanyaklah bekal ke ukhrowi
Sebab kita akan pulang ke syurga

Di surga tempat orang-orang sholeh
Ada ummat pun para nabi
Kalau sudah mengaji jangan anggap remeh
Kepada orang yang belum mengerti

Berilah ilmu dengan pelan-pelan
Untuk bisa menyerap ilmu
Kepada mereka yang hidupnya kebingungan
Agar jalan yang lurus mereka pun tahu

Bukan sulap menuju jalan yang lurus
Harus punya akhlak dan budi pekerti
Agar tahu cara beramal dengan tulus
Bersungguh-sungguhlah selalu dalam mengaji

kalau sudah mendapat ilmu dari mengaji
Jangan lupa untuk terus diamalkan
Sebab ilmu yang mendapat berkah dari Illahi
Adalah ilmu yang selalu dijalankan

Sindangkerta, 29-05-23

Sang Pejabat Tebal Muka (1)

Uang rakyat dikorupsi
Padahal minta suara saat pemilu
Rakyat kecil pada sakit hati
Rupanya pejabat yang tak tahu malu

Pejabat itu begitu serakah
Uang pajak difoya-foya
Sifatnya sombong dan pongah
Perut buncit isinya neraka

Para pejabat lupa akan siksa akhirat
Sumpah Al-Qur'an pun mereka berdusta
Lihatlah kondisi rakyat yang melarat
Mereka tak urus seolah lupa

Lupa janji lupa purwadaksi
Jujurnya para pejabat adalah barang langka
Merasa nyaman duduk di atas kursi
Karena tahta membuat mereka buta

Buta mata buta hati
Diri mereka sudah dijajah hawa nafsu
Apakah mereka tak tahu di akhirat nanti
Akan disiksa menjadi abu

Menjadi abu yang menyakitkan
Panasnya mendidih hingga ke otak
Di kira akan berteman dengan setan
Rupanya mereka ditinggal dan diinjak-injak

Sindangkerta, 31-05-23

Sang Pejabat Tebal Muka (2)

Kantor-kantor pemerintah menjulang
Rumah-rumah rakyat tak terurus
Tagihan pajak terus berulang
Tapi kenapa banyak rakyat berbadan kurus

Karena ulah para pejabat semena-mena
Hasil proyekan ditilap sendiri
Rakyat tak bisa apa-apa
Protes sedikit masuk bui

Mereka tak mau dikritisi
Arogan dan merasa paling berkuasa
Biarlah rakyat pada mati
Yang penting bisa merasa nikmat dunia

Mereka serakah dan begitu tamak
Menindas rakyat tanpa hati nurani
Dalam rapat kebanyakan isinya memalak
rakyat yang sudah setengah mati

Hingga rakyat sudah tak berdaya
Segala diperas walau sudah kerontang
Hanya demi kekuasaan yang sementara
Mereka lupa kalau nanti akan pulang

Sebab sungguh ngeri hisab timbangan kelak
Diadili pengadilan yang maha adil
Bila terlambat kalian teriak-teriak
Untuk bisa melakukan kebaikan yang secuil

Jadi ingatlah wahai pejabat
Kekuasaan kalian tak akan selamanya
Mumpung masih hidup silahkan bertaubat
Agar nanti di akhirat tak masuk neraka

Sindangkerta, 31-05-23

Paku Alam Tatar Pasundan

Ada ulama di tanah Cianjur
Pergi ke Mekkah mengarang kitab
Punya keturunan ulama masyhur
Sebelumnya pernah menikahi putri raja arab

Asbab menikah karena raja sangat suka
Oleh kitab karangannya tentang khutbah juma'at
Lalu dipinanglah putri sang raja
Namun sayangnya sering sakit tak ada obat

Bergegaslah beliau menemui gurunya
Lalu bertanya kenapa saya sering sakit-sakitan
Gurunya berkata sebab masalahnya
Ternyata harus menikahi wanita Pasundan

Gurunya pun berkata lagi
Jika menikah wanita dari tanah pasundan
Jangan melihat kecantikan ragawi
Sebab semua jadi ulama dan punya kesaktian

Beliau patuh kepada gurunya
Pulang dari mekkah ke tanah pasundan
Menikahlah dengan wanita yang ditunjukkan
Ternyata benar apa yang gurunya katakan

Memiliki putra yang keseluruhannya ulama
Salah satunya adalah Mama Aang Nuh Gentur
Beliau punya kesaktian yang luar biasa
Diancam manusia tidak sekalipun mundur

Mama Aang Nuh Gentur kebal ditembak
Pernah manjat Monas di Jakarta
Namun beliau adalah ulama yang bijak
Tidak sembarang menggunakan karomahnya

Beliau begitu dihormati dan disegani
Sosoknya yang lugas dan berkharisma
Mama Aang Nuh Gentur putra Mama Syathibi
Yang ayahnya pernah menikahi putri raja

Kharismanya tidak luntur oleh zaman
Saat meninggal tubuhnya wangi
Begitulah ulama teladan
Namanya harum hingga saat ini

Sindangkerta, 01-06-23

Pantun Tasawuf (1)

Makna diri ada dalam hati
Memberi kita untuk saling merasa
Jika ingin hilangkan rasa dengki
Carilah ridho sang Pencipta

Jika ingin dapat ridho Illahi
Jangan selalu menuruti jiwa
Karena jiwa tidak hakiki
Yang abadi adalah ruh dalam raga

Ruh selalu tunduk pada Allah
Tempatnya mengabdi menuju akhirat
Bila ingin rajin beribadah
Dengarkan ruh dengan khidmat

Khidmat dengan mengekang hawa nafsu
Beramal dengan segenap jiwa
Jika ingin keyakinan tidak ragu
Lihatlah diri dari siapa yang mencipta

Kita dicipta dengan makna ma'rifat
Berlandaskan hakikat dari Al-Qur'an
Dengan menjalankan syariat
Tarekat yang dipilih sesuai kemampuan

Kemampuan Allah yang bimbing
Bila selalu dekat dengan-Nya
Lihatlah sekeliling
Itu adalah bukti dari rahman-Nya

Kasih Allah bertebaran di dunia
Sayang Allah hanya di akhirat
Marilah menjadi hamba
Tingkat ibadah dengan selalu taat

Sindangkerta, 02-06-23

Pantun Tasawuf (2)

Budi pekerti ada di dalam akhlak
Mencari makna bukan pada dhohir
Marilah perbaiki watak
Dengan bersikap tenang seperti air

Didalam air ada kesegaran
Untuk minum juga untuk mandi
Bila ingin dapat kemaslahatan
Belajar ilmu yang terkandung maknawi

Makna itu rahasia
Yang tampak belum tentu benar
Untuk mendapat arti didalamnya
Carilah ulama yang selalu beristighfar

Istighfar adalah dzikir yang dahsyat
Untuk menahan amarah dan tenang hati
Bila ingin mencari hakikat
Tidak cukup syariat yang dipelajari

Syariat hanyalah hukum yang dasar
Sebab yang paling tinggi ma'rifatullah
Lewat jalan tarekat agar tidak tersasar
Namun harus memohon ridho Allah

Ridho Allah adalah tujuan utama
Agar diri menjadi selamat
Tujuannya adalah surga
Kampung halaman kita di akhirat

Untuk pulang ke kampung harus punya bekal
Agar pahala berat pada timbangannya
Yaitu berbuat baik menjadi keutamaan amal
Supaya mendapat bidadari yang cantik jelita

Bidadari itu terbuat dari lu'lu wa marjan
Hadiah bagi orang yang bertakwa
Namun bukan bagi orang yang selalu nisyan
Yang takut mati dan cinta dunia

Dunia adalah tempat yang fana

Yang kekal adalah perbuatan diri sendiri
Bila pulang ke kampung yang nun jauh disana
Harus taat kepada Allah di dunia saat ini

Allah itu robbul alamin
Yang mengurus kita semua
Melalui empat unsur kekuatan
Menjadi dasar energi manusia

Air bersih untuk kesehatan kita
Angin menjadi udara untuk nafas
Api adalah kebutuhan manusia
Tanah yang banyak menumbuhkan tunas

Tunas itu adalah generasi
Untuk tanaman dan manusia
Maka jagalah keempat energi
Agar kita dapat memahami maknanya

Mencari makna dengan menjadi salik
Yang mempelajari suluk berhati lembut
Janganlah kita menjadi orang munafik

Agar malaikat bukan mencabut tapi menjemput

Itulah ilmu yang diwariskan ahli sufi
Yang faham nya dinamakan tasawuf
Marilah kita selalu mempelajari
Yang selalu menanamkan sifat khauf

Yaitu khauf hanya pada illahi robbi
Yang maha perkasa tiada bandingannya
Semoga kita selalu terjaga diri
Dari perbuatan buruk dan dosa

Sindangkerta, 03-06-23

Pantun (Rahasia) Manusia

Manusia awal diciptakan dari mahligai
Dengan rupa yang berbedabeda
Itu adalah bentuk dhohir diri
Yang bisa dilihat dengan nyata

Pada pusat mahligai ada dada
Tempat thowafnya syaitan yang membisiki
Untuk lupa pada yang maha kuasa
Agar selalu khianat dan ingkar janji

Di dalam dada manusia ada hati
Yang masih mengikuti akal fikiran
Kadang cinta kadang iri dengki
Itulah tempatnya sifat plinplan

Di dalam hati manusia ada fuad
Yang sudah mantap terhadap pilihan
Sifatnya yang serupa tekad
Tidak akan goyah terhadap godaan

Di dalam fuad ada tsagofah
Serupa tabir yang berwujud ghaib
Fungsinya itu sebagai pemisah
Yang didalamnya bersih dari aib

Di dalam tsagofah ada lubbun
Tempatnya cinta yang paling murni
Yang selalu jujur terhadap robbun
Dan pantang beringkar janji

Di dalam lubb manusia ada sirr
Menjadi terminal akhir bagi yang fakir
Menjaga manusia dari aib yang getir
Sungguh Allah maha besar dari yang kabir

Di dalam sirr manusia ada aku
Itulah Allah yang lebih dekat dari urat nadi
Sungguh dekatnya Dia tanpa ada ragu
Ketauhidan kepada-Nya harus di imani

Sindangkerta, 04-06-23

Pantun Furu'iyah (1)

Hukum syariat beda cara pandang
Sebab itu adalah furu'iyah
Yang artinya salah satu cabang
Ilmu untuk kemaslahatan islamiyah

Ilmu yang bermacam-macam faham
Namun tujuannya hanya satu
Walau menentukannya beragam
Yakini yang kita faham janganlah ragu

Ilmu itu terangkum dalam ilmu fiqh
Dengan tata cara yang berbedabeda
Namun janganlah kita berselisih
Sebab aqidah islam tetaplah sama

Kuatkanlah aqidah kita
Aturan furu'iyah jangan jadi debat
Tekadkan persatuan antar sesama
Agar kita mendapatkan manfaat

Sebab ibadah adalah hanya tata cara
Lakukanlah selagi masih ada dalil
Janganlah kita saling mencela
Menganggap yang lain menjadi bathil

Marilah keluar dari ego golongan
Sebab islam adalah agama selamat
Janganlah saling menyesatkan
Agar islam kita naik pada hakikat

Yaitu menjadi hamba yang beribadah
Bukan untuk saling salah menyalahkan
Hindarilah provokator yang memecah belah
Sebab bukan itu yang Rasul contohkan

Sindangkerta, 11-06-23

Pantun Furu'iyah (2)

Perbedaan dalam ritual adalah rahmat
Salah satu kasih sayang kepada hamba-Nya
Maka selalu akurlah kita sebagai umat
Itulah arti persatuan antar sesama

Bila bersatu kita akan menjadi kuat
Bila terpecah kita akan menjadi lemah
Jangan sampai kita saling sikat
Hanya karena perbedaan furu'iyah

Tapi sayangnya banyak yang terjebak
Beda ritual malah seakanakan beda Tuhan
Padahal kita adalah umat yang banyak
Terombang ambing seperti buih di lautan

Kita lupa akan esensi dari ketauhidan
Terus mengotak atik tata cara ibadah
Selalu senang akan perdebatan
Akhirnya memicu emosi dan amarah

Ibadah itu seharusnya diamalkan
Bukan jadi wacana terus menerus
Percuma saja banyak cendekiawan
Bila ritual menjadi ancaman serius

Yang mengancam persatuan dan ukhuwah
Menimbulkan permusuhan antar sesama
Padahal ukhuwah inti dari islamiyah
Saling melindungi dan juga saling menjaga

Itulah sunnah rasul yang sebenarnya
Sesama umat selalu jalan beriringan
Bukankah itu yang diajarkan agama
Bertoleransi dalam cara peribadatan

Sindangkerta, 06-06-23

Pantun Umat Akhir Zaman

Umat sekarang sedang kacau
Hoax ada dimanamana
Berita apapun tidak bisa dihalau
Karena demi kepentingan semata

Maksiat makin merajalela
Zina mabuk tidak tahu tempat
Orang baik kadang selalu dihina
Sungguh ngeri banyak orang jahat

Banyak wanita kini seperti pria
Tak sedikit pria justru lemah gemulai
Dunia terbalik semakin nyata
Buktinya fitrah banyak yang tidak bersesuai

Umat kini seperti kebingungan
Tak ada sosok yang teladan
Seolah hilang orang yang jadi panutan
Seperti tersesat kehilangan jalan

Sungguh prihatin kehidupan sekarang
Umat kini seperti hewan peliharaan
Kesana kemari menjadi bimbang
Karena banyak orang yang merasa tertekan

Berharap ada yang menegakkan keadilan
Agar sentosa selalu umat akhir zaman
Begitulah negara yang aman
Tidak hanya dimiliki orang berkepentingan

Semoga kita mendapat pemimpin sejati
yang mementingkan kepentingan rakyat
Lelah sudah kita dibodohbodohi
Oleh pejabat yang selalu berkhianat

Beginilah kondisi umat akhir zaman
Banyak rakyat malang seperti yatim piatu
Akhlak hilang dan sulit pekerjaan
Sebab negeri kehilangan tujuan

Padahal kita adalah umat yang terbaik

Mengimani rasul yang belum dijumpa
Marilah kita tingkatkan akhlak salik
Agar kita mendapat pahala yang utama

Sekarang dunia sudah renta
Tak akan lama lagi akan kiamat
Wahai umat segenap manusia
Marilah bersamasama kita bertaubat

Sindangkerta, 07-06-23

Pantun Tanda Akhir Zaman

Tanda akhir zaman begitu beragam
Yang sudah dinubuwatkan Rasulullah
Nubuwatnya 1400 tahun yang silam
Harus diimani seperti iman kepada Allah

Tandanya masjid bermegah megahan
Akan tetapi ahli mesjid sangatlah kurang
Masjidnya begitu indah dan menawan
Namun kosong aduh sayang begitu sayang

Umat mementingkan matrealisme
Dibanding sabar dan keimanan
Agama pun banyak isme-isme
Akhirnya bingung dimana kebenaran

Waktu dilipat begitu cepat
Kita tak sadar akan hal itu
Semakin dekatlah pada kiamat
Angka jam seolah hilang berlalu

Sesama umat saling gontokgontokan
Adu argumen tak ada habisnya
Hilanglah esensi keagamaan
Yang ada saling tuding dan saling hina

Simbol agama hanya perhiasan saja
Tak faham akan makna didalamnya
Saling pamer kepunyaan dan harta
Namun hilang saling berbagi pada sesama

Di mana rasa persaudaraan antara kita
Banyak orang yang mementingkan diri sendiri
Orang miskin banyak yang semakin merana
Orang kaya banyak yang hatinya mati

Sindangkerta, 08-06-23

Pantun Sejarah Jenaka: Abu Nawas (1)
Abu Nawas dan Enam Lembu

Alkisah Abu Nawas dipanggil raja
Dititahkan mencari enam lembu yang bisa bicara
Bila tidak bisa maka ia akan dipenggal lehernya
Batas waktu dari sang raja satu minggu lamanya

Dengan patuh Abu Nawas menyanggupinya
Padahal ia bingung mencari lembu itu
Merenunglah Abu Nawas di dalam kamarnya
Tidak keluar kamar selama satu minggu

Setelah seminggu ia baru keluar
Langsung menuju kerumunan orang
Dihampirilah enam pemuda yang ada di sekitar
Untuk ditanya hari apa sekarang

Bila ada yang menjawab dengan benar
Abu Nawas akan melepaskannya
Namun sayang jawabannya tidak benar
Maka Abu Nawas menangkap mereka

Digiringlah mereka kepada sang raja
Dengan alasan mengetahui kebenaran hari

Padahal hanya menghindar dipenggal lehernya
Bahwa enam lembu itu sudah ia miliki

Marahlah sang raja pada Abu Nawas
Diperintah mencari lembu malah manusia
Bukan Abu Nawas kalau tidak cerdas
Enam orang ini adalah lembu yang dimaksudnya

Raja pun heran kenapa bisa begitu
Tidak tahu apa yang dimaksud Abu Nawas
Lalu ia menyuruh raja bertanya tentang hari itu
Ternyata jawabannya berbeda tak ada yang pas

Lalu Abu Nawas berujar kepada raja
Bukankah yang tidak tahu hari adalah hewan
Bila manusia pasti tahu hari ini hari apa
Maka sang raja pun tambah terheran heran

Raja heran karena Abu Nawas bisa lolos lagi
Bisa lolos dari hukuman yang diberikan sang raja
Lalu sang raja membawa koin dan menghampiri
Memberinya hadiah lima ribu dinar banyaknya

Sindangkerta, 09-06-23

Pantun Sejarah Jenaka: Abu Nawas (2)
Abu Nawas Anti Hujan

Raja Harun pernah mengajak Abu Nawas
Mengajak berburu beruang
Lalu segeralah mereka berkemas
Saat itu cuaca cerah benderang

Meski benderang Raja Harun tahu
Kalau cuaca akan turun hujan
Dipanggil lah Abu Nawas untuk bertemu
Untuk menjahilinya sebelum ke hutan

Abu Nawas dijahili dengan kuda lamban
Raja dan prajurit dengan kuda cepatnya
Raja berkata berteduhlah saat turun hujan
Jangan sampai basah kuyup seluruh pakaiannya

Abu Nawas sadar jika dijahili
Dijahili oleh raja abbasiyah
Abu Nawas hanya bisa menuruti

Agar sang raja tidak marah

Berangkatlah mereka ke hutan
Raja dan prajurit sudah melesat
Sementara kuda Abu Nawas berjalan pelan
Tertinggal jauh karena begitu lambat

Akhirnya hujan datang dengan deras
Baju raja dan pengawal begitu basah
Mereka menunggu Abu Nawas
Ternyata bajunya sama sekali tidak bersimbah

Raja dan prajurit kebingungan
Kenapa baju Abu Nawas kering
Akhirnya ditukarlah kuda tunggangan
Untuk membuktikan walau raja masih hening

Keesokan harinya kembali berjalan
Ternyata hari ini hujannya lebih deras
Sang raja dan prajuritnya lamban
Giliran Abu Nawas berlari dengan tangkas

Raja dan prajurit kembali basah terkena hujan
Lalu dilihatlah Abu Nawas sudah menanti
Raja kembali terheran-heran
Kenapa baju Abu Nawas tidak basah lagi

Sang raja akhirnya bertanya kepadanya
Kenapa bajumu tidak basah seperti kami
Jawab Abu Nawas begitu mudahnya
Karena ia punya akal yang begitu jeli

Jawaban Abu Nawas begitu sederhana
Yaitu saat hujan datang ia melepas bajunya
Lalu dilipat dan disimpan di atas pelana
Agar selamat dari hujan dan keusilan rajanya

Sang raja mengakui kecerdikannya
Sebab akalnya tidak ada habisnya
Akhirnya raja mengapresiasinya
Atas apa yang sudah dilakukannya

Sindangkerta, 10-06-23

Pantun Sejarah Jenaka: Abu Nawas (3)
Raja Disuruh Jadi Pengemis

Satu hari adalah laporan
Dari rakyat kepada sang raja
Tentang saudagar yang dikeluhkan
yaitu pelit dan kikir pada sesama

Sang raja kebingungan
Sebab ia pernah bersedekah
Sedekah saat ia tak berkepunyaan
Namun kini ia jadi orang yang serakah

Lalu Sang raja meminta kepada pengawal
Untuk memanggilkan Abu Nawas
Sebab raja tahu sang Abu banyak akal
Siapa tahu ada solusi darinya dengan cerdas

Pengawal datang kerumahnya
Padahal baru kemarin ia menghadap raja
Ada apa gerangan Abu Nawas bertanya
Entahlah jawab sang pengawal kepadanya

Bergegaslah Abu Nawas ke istana

Lalu raja menceritakan sebuah kasus
Yaitu ada saudagar yang gila harta
Tidak pernah bersedekah malah makin rakus

Abu Nawas menyarankan agar ia sanksi
Namun raja menolak sarannya
Sebab dulu sebelum kaya ia sering berbagi
Dengan niat sang raja untuk menyadarkannya

Memintalah Abu Nawas tiga hari
Untuk memikirkan jalan keluarnya
Setelah tiga hari Abu Nawas menemukan solusi
Lalu ia menghadap lagi kepada sang raja

Solusinya meminta sang raja menyamar
Bersama dengannya menjadi pengemis
Berangkatlah mereka ke rumah saudagar
Berpura-puralah meminta dengan meringis

Awalnya meminta uang
Namun diusirlah mereka
Marah marah begitu berang
Bukan Abu Nawas kalau putus asa

Lalu Abu Nawas meminta makan
Saudagar itu mengusirnya lagi

Abu Nawas memohon belas kasihan
Sayangnya marah saudagar semakin menjadi

Terakhir mereka meminta segelas air
Kata saudagar tidak punya apa apa
Lalu Abu Nawas mengajaknya menyisir
Menyisir jalan untuk jadi peminta minta

Sebab katanya orang yang tak mau berbagi
Adalah mereka yang jadi pengemis
Dengan mengutip kalam illahi
Hingga saudagar pun jadi menangis

Bertanyalah saudagar itu kepada mereka
Siapakah gerangan kalian ini
Lalu dibukalah penyamarannya
Ternyata sang baginda raja yang dihormati

Akhirnya saudagar itu menyadari kesalahannya
Yang bertaubat dari sifat serakah dan kikir
Setelah itu ia rajin berbagi kepada sesama
Dan membayar zakat pun tidak lagi mangkir

Sindangkerta, 11-06-23

Pantun Sejarah Jenaka: Abu Nawas (4)
Baghdad Kedatangan Peramal

Dikisahkan ada seorang peramal datang
Datang ke Baghdad dengan tipu muslihat
Ia piawai mengolah kata dengan matang
Agar orang orang yang datang terjerat

Sebab ia pintar mengolah kata
Terlihat meyakinkan dan benar
Banyak orang yang percaya kepadanya
Bila gagal katanya ia sudah melanggar

Anehnya orang orang tetap percaya
Hingga Abu Nawas merasa terganggu
Ia berfikir bagaimana cara membuktikannya
Bahwa ramalannya adalah palsu

Satu waktu Abu Nawas mendapat cara
Dengan datang kepadanya karena satu soal
Abu Nawas bertanya kepadanya
Apakah masa depannya pun bisa diramal

Tentu saja bisa, jawab sang peramal itu
Abu Nawas memukul peramal dengan tongkatnya
Marahlah sang peramal kenapa engkau memukulku
Abu Nawas berkata kenapa kau tidak menghindarinya

Lalu peramal berkata aku sudah tahu
Aku hanya berpura pura saja
Dan Abu Nawas menguji lagi peramal itu
Dengan berkata apakah kau tahu selanjutnya

Peramal menghindar dari Abu Nawas
Ternyata Abu Nawas merusak barang prakteknya
Terkejutlah sang peramal terlihat nahas
Lalu menuntut Abu Nawas ke pengadilan negara

Di pengadilan negara sang peramal mengeluh
Kepada Abu Nawas yang sudah mengacaukan
Ia meminta Abu Nawas dihukum penuh
Karena barang barangnya hancur berantakan

Abu Nawas membela diri kepada sang hakim

Bahwa peramal ini sudah banyak menipu
Dengan tipu daya ia telah berbuat lalim
Banyak masyarakat yang terkecoh dan tertipu

Bila ia tahu masa depan dirinya
Pasti ia menghindar saat aku pukul kepalanya
Tapi sayang ia tak mampu menangkisnya
Dikira aku bodoh dan bisa ditipu olehnya

Sama seperti kepala yang aku pukul kepadanya
Barang yang aku rusak tak bisa berbuat apa-apa
Begitulah kata Abu Nawas dengan cerdasnya
Hingga sang peramal pun malu akhirnya

Sindangkerta, 12-06-23

Pantun Hikmah (1): Jujur dalam Berdagang

Salah satu yang diajarkan Nabi
Bersikap jujur dan amanah
Itulah akhlak yang harus kita ikuti
Agar kita selalu mendapatkan berkah

Nabi juga punya sunnah yang inti
Yang masih jarang orang amalkan
Yaitu berdagang dalam menjemput rejeki
Karena dagang adalah rejeki halalan thoyiban

Dalam berdagang, jujur harus dikedepankan
Agar mendapat kepercayaan pelanggan
Itulah karakter yang sangat ahsan
Karena jujur hati akan terjaga kesucian

Jujur itu adil dalam menimbang dagangan
Jangan sekali kali berbuat curang
Sebab itu akan menghilangkan pelanggan

Jika yang pelanggan beli ternyata kurang

Jika pembeli tahu kita tidak jujur
Maka ia akan kapok membeli lagi
Jadi jagalah apa yang sudah Nabi atur
Selain jujur, amanah harus tertanam di hati

Jika kita jujur pelanggan akan senang
Dagangan kita pun menjadi laris
Nanti ia akan kembali datang
Sambil membawa senyum yang manis

Itulah sifat pedagang yang baik
Tidak pernah merugikan pelanggan
Bila pelanggan senang nanti akan balik
keduanya Insya Allah mendapat keberkahan

Sindangkerta, 13-06-23

Pantun Hikmah (2): Ramah Dalam Berdagang

Setelah jujur dalam berdagang
Sunnah yang lainnya adalah ramah
Agar pelanggan kita tidak hilang
Tebarkanlah senyuman dari bibir yang tercurah

Senyum itu adalah sedekah
Dan dianjurkan dalam berdagang
Sebab senyum sedekah yang paling mudah
Tebarkanlah ke semua orang

Senyum dalam berdagang akan mengakrabkan
Antara pedagang dan pelanggan
Sebab itulah jangan sungkan-sungkan
Selalu tersenyum saat melakukan pelayanan

Bila kita terbiasa tersenyum saat berdagang
Pelanggan pun akan merasa nyaman
Sebab percuma kita membagusi barang

Bila kita selalu cemberut kepada pelanggan

Itulah makna yang terkandung
Dalam sunnah jual beli
Sifat itu adalah akhlak yang adiluhung
Fitrah dari setiap insani

Sungguh mulia sunnah nabi
Yang selalu mencontohkan kebaikan
Jalan nabi ini harus kita ikuti
Agar hati kita tenang dan aman

Berdagang adalah sunnah yang amat mulia
Begitupun dengan menebar senyuman
Kolaborasikanlah keduanya oleh kita
Agar kita semua mendapatkan keberkahan

Sindangkerta, 14-06-23

Pantun Khazanah (1): 5 Fase Umat Islam

Masa Rasulullah SAW

Fase umat Islam ada lima
Pertama masa kenabian
Yaitu umat yang paling utama
Karena nabi langsung yang contohkan

Fase ini adalah fase keemasan
Di mana para mujahid terbaik lahir
Perjuangannya penuh keyakinan
Sebab sudah sepenuh hati menjadi martir

Para sahabat memang bermental baja
Ditempa oleh Rasulullah untuk berjuang
Dengan tidak takut mati dan tidak cinta dunia
Tidak pernah berhenti menajamkan pedang

Pedang dihunus untuk para musuh Allah
Yang membangkang dan mengganggu
Sebab mereka sudah membahayakan Rasulullah
Dengan mengancam Rasulullah tanpa ragu ragu

Sahabat yang paling bijak adalah Abu Bakar
Paling pertama dalam memeluk Islam
Penuh keyakinan dan sangat sabar
Tulus menjaga selalu nabi siang dan malam

Sahabat terkuat satunya adalah Umar
Tak kenal takut pun tak kenal gentar
Hingga Al-Faruq dari rasul yang memberi gelar
Karena bisa melihat jelas mana salah mana benar

Sahabat yang paling dermawan adalah Usman
Beli sumur orang yahudi dengan harga tinggi
Karena beliau melihat umat merasa kasihan
Akhirnya umat islam tidak kekurangan lagi

Sahabat yang paling cerdas adalah Ali
Sebab beliau adalah gerbangnya Ilmu
Dengan ilmunya beliau sangat disegani
Yang tak pernah lelah membaca buku buku

Sindangkerta, 15-06-23

Pantun Khazanah (2): 5 Fase Umat Islam

Fase Khulafa'ur Rasyidin

Fase kedua adalah fase kekhilafan
Di mana Abu Bakar menjadi yang pertama
Dengan misi pertama zakat harus ditunaikan
Dan memerangi yang membangkang kepadanya

Siapa sangka orang yang lembut bisa tegas
Hingga Umar pun terheran heran kepadanya
Kepada para musuh tak segan menebas
Sampai takjub para sahabat yang lainnya

Sepeninggal Abu Bakar dilanjutkan Umar
Khalifah yang tak kalah tegas dan zuhud
Dada dada musuh langsung pada gemetar
Sebab keberaniannya melebihi gunung uhud

Satu pertiga dunia adalah hasil kerja kerasnya
Menaungi dengan keadilan hukum Allah
Begitulah pemimpin yang peduli pada rakyatnya
Tak pernah melanggar sunnah dari Rasulullah

Setelah Umar, Utsman bin Affan melanjutkan

Pemimpin yang bijak pada masanya
Memushafkan seluruh isi Al-Qur'an
Sebuah ide yang brilian dari pemikirannya

Kepemimpinannya cenderung defensif
Sebab offensive sudah dilakukan oleh Umar
Mempertahankan wilayah dengan begitu masif
Yang menjaga kedaulatan dengan baik dan benar

Khalifah terakhir adalah Ali bin Abi Thalib
Yang mempunyai pedang dzulfiqar namanya
Baju perang kesayangannya pernah raib
Ternyata orang yahudi yang mengambilnya

Pada masa Ali banyak perang saudara
Di antaranya perang shiffin dan jamal
Yaitu perang dengan Siti Aisyah radiallahu anha
dan Mu'awiyah bin Abu Sufyan yang terkenal

Itulah fase kekhalifahan umat islam
Setelahnya akan berganti fase selanjutnya
Dalam masa transisi fase ada kisah kelam
Yaitu banyak firqah firqah dan tragedi karbala

Sindangkerta, 16-06-23

Pantun Khazanah (3): 5 Fase Umat Islam

Fase Kerajaan yang Menggigit I

Fase ketiga adalah kerajaan yang menggigit
Dimulai dari kekhalifahan Bani Umayyah
Sistemnya monarki menurunkan ke anak cicit
Yang Khalifah pertamanya adalah Muawiyah

Khalifah Yazid dianggap yang paling buruk
Sebab ia sudah menyalahi kekuasaannya
tak heran jika Negeri muslim agak terpuruk
ia memimpin tak sesuai dengan gaya hidupnya

Khalifah Al-Walid I dianggap yang paling berjaya
Sebab para gubernurnya yang sangat cakap
Ditambah perluasan wilayah hingga transoxiana
Membuat kepemimpinannya semakin mantap

Khalifah Umar bin Abdalaziz paling masyhur
Walau tidak melakukan perluasan wilayah
Karena sudah membuat rakyatnya makmur

ia pemimpin yang paling dikenal dalam sejarah

Khalifah Marwan II dianggap yang paling lemah
Sebab ia tidak mampu mempertahankan daulah
Direbutlah kekuasaannya oleh Bani Abbasiyah
Hingga berakhirlah sudah daulah Umayyah

Sindangkerta, 17-06-23

Pantun Khazanah 3 (b): 5 Fase Umat Islam

Fase ketiga yang kedua pada masa Abbasiyah
Berdiri di Baghdad pada tahun 750 Masehi
Yang sudah mengalahkan Bani Umayyah
Perang zab hulu sebagai penentu dinasti

Abdullah As-Saffah sebagai Khalifah pertama
Mengawali masa keemasan Islam
Banyak ilmu pada dinasti dengan banyak ulama
Yang banyak mengaji siang dan malam

Para ilmuwan islam lahir pada dinasti ini
Hingga terbentuk perpustakaan negara
Dari Imam Abu Hanifah sampai Imam Hambali
Yang memenuhi dinasti ini dengan cahayanya

Khalifah yang terkenal adalah Harun Ar-Rasyid
Yang dalam hikayat bersama Abu Nawas
Yang sangat bijak dan mati dalam syahid
Salah satu masa kejayaan dengan tinta emas

Selain imam yang empat madzhab
Banyak ulama masyhur lainnya
Yang selalu memberi ilmu dan mengajarkan adab
Salah satu sebaik-baiknya umat pada masanya

Bani Abbasiyah sebagai pusatnya ilmu
Juga sebagai pusatnya para pelajar
Pemimpinnya juga adil tidak usah ragu
Dan berani dalam jalan yang benar

Khalifah Al-Mu'tashim punya kisah bersejarah
Karena menyelamatkan seorang wanita muslim
Ia mendengar wanita itu dilecehkan dan marah
Serang Bizantium dengan pasukan yang ekstrim

Akhir dari Abbasiyah karena serangan Mongolia
Dengan begitu barbar dan sangat sadis
Serangan Mongol begitu sangat gila
Hingga Baghdad menjadi rata dan habis

Sindangkerta, 18-06-23

Pantun Khazanah 3 (c): 5 Fase Umat Islam

Fase ketiga yang terakhir adalah dinasti Ottoman
Dinasti yang paling lama menguasai dunia
Yang sistem pimpinannya adalah kesultanan
Dengan daerah awal yang terkenal adalah anatolia

Kesultanan ini didirikan oleh Osman Gazi
Setelah dinasti Seljuk Rum melemah
Dengan dikepung oleh Bizantium di kiri
Dan di kanan oleh Mongol yang haus darah

Dilanjutkan oleh putranya Orhan Gazi
Yang tak kenal lelah melanjutkan misi ayahnya
Dengan melakukan begitu banyak ekspansi
Hingga perluasan daerahnya sampai ke Bursa

Paling legendaris Sultan Mehmed dua
menaklukkan Konstantinopel dengan gemilang
Dia adalah inspirator ulung bagi kepala negara
Karena kecerdasannya dan penuh daya juang

Cucunya adalah sultan Sulaiman Al-Qanuni
Sangat terinspirasi oleh perjuangan kakeknya
Hingga ia menjadi sultan yang sangat disegani
Terbukti Ottoman ada pada masa kejayaannya

Singa terakhir Ottoman sultan Abdul Hamid dua
membela Islam hingga Aceh dan Palestina
Maka tak heran ia sangat dicintai rakyatnya
juga banyak musuhnya di mana mana

Ottoman runtuh oleh pengkhianat negara
Menjadi babak baru bagi negara Turki
Kemal Atatürk menjadi presiden pertama
Yang menghilangkan napas dan nuansa islami

Berakhirlah kepemerintahan islam hingga kini
Yang sudah menaungi umat berabad lamanya
Umat Islam menjadi yatim piatu saat ini
tlah hilang sosok yang menjadi panutannya

Sindangkerta, 19-06-23

Pantun Khazanah 4: 5 Fase Umat Islam

Fase Mulkan Jabbariyan

Setelah masa daulah runtuh di turki
Masuklah pada masa penguasa yang dzalim
Umat Islam sudah tidak ada yang menaungi
Karena kepemerintahannya banyak yang lalim

Dengan konspirasi freemason
Kemuliaan Islam dijatuhkan
Dan layaknya seperti hewan bison
Keyakinan umat Islam dihancurkan

Kini umat islam menjadi yatim
Tak punya lagi sosok pelindung
Yang pada akhirnya akhlak umat minim
Sebab propaganda masif tentang cari untung

Juga kini umat islam seperti buih di lautan
Banyak jumlah tapi kualitas rendah
Terombang ambing tak tahu tujuan
Karena umat hilangnya jati diri dan marwah

Sindangkerta, 20-06-23

Pantun Khazanah 5: 5 Fase Umat Islam

Fase Imam Mahdi

Ini adalah fase terakhir untuk umat dan dunia
Di mana hukum kembali pada yang benar
Begitulah menurut pakar eskatologi dari ulama
Diawali perjuangan amar ma'ruf nahi munkar

Adanya peperangan antara haq dan bathil
Saling berhadapan seperti kembali ke masa lalu
Perang bagi yang zalim dan yang adil
Yang kabarnya perang itu sangat sengit dan seru

Setelah itu akan ada masa dunia damai
Keadilan merata di dunia yang seperti surga
Dipimpin hingga 9 tahun oleh Imam Mahdi
Yang dunia ini begitu makmur aman dan sentosa

Menurut beberapa edaran kabar berita
Imam Mahdi sudah muncul di zaman kita
dilindungi oleh orang sholeh dan para ulama
keberadaannya masih dirahasiakan oleh mereka

Sungguh sangat ingin berada di fase itu
Yang begitu didamba oleh semua umat manusia
Namun transisinya dahsyat dan menderu
Yang sangat berat apabila menghadapinya

Begitulah kabar di fase kelima ini
Yang Nabi Isa pun akan turun ke dunia
Membantu umat manusia dan Imam Mahdi
melawan dajjal sang penipu umat manusia

Sindangkerta, 21-06-23

Pantun Sahabat (1)

Setiap insan pasti punya sahabat
Yang terkadang menjadi saudara
Tetaplah untuk bersama dan pegang erat
Sebab sahabat yang bisa memahami kita

Punya sahabat adalah hal yang baik
Bisa berbagi rasa dan memberi semangat
Sahabat itu membuat suasana asyik
Karena akan membuat kita menjadi kuat

Tapi bukan sahabat kalau tidak usil
Karena keusilannya akan menjadi lebih akrab
Tak mengapa jika sahabat selalu jail
Selagi masih dalam batasan adab

Bila kita ada salah sahabat akan mengingatkan
Agar jalan kita kembali pada jalurnya
Sebab itu untuk sebuah kebaikan
Yang kadang dengan keras menegur kita

Itulah sahabat yang sejati
Tidak pernah meninggalkan kita sendiri
Jagalah sahabat itu dengan hati
Karena belum tentu kita akan mendapatinya lagi

Semoga sehat selalu untuk sahabat semuanya
Dimudahkan dan diluaskan urusannya
Tetaplah menjadi sahabat yang apa adanya
Agar silaturahim tetap terhubung dan terjaga

Sindangkerta, 22-06-23

Pantun Sahabat (2)

Sahabat sejati adalah yang mengajak kebaikan
Selalu mengingatkan pada sang maha pencipta
Itulah sahabat sebagai penuntun jalan
Yang menjadi tongkat menuju akhirat surga

'Tuk menggapai surga ada sahabat mengajarkan
Dalam mengenal dan memahami ayat ayat Allah
Begitulah sahabat yang sholeh dan beriman
Yang selalu menjalankan sunnah rasulullah

Dalam persahabatan tak pernah bermain rahasia
Baik dalam hakikat dan menjalankan syariat
Bila itu masih ada pada diri dan sifat kita
Maka kita belum bisa dikatakan sebagai sahabat

Sahabat yang sebenarnya selalu berbagi
Baik jalan amal maupun ilmu pemahaman
Karena ia tahu pahala tidak diraih sendiri
Melainkan berjamaah demi persatuan

Sahabat yang baik akan mengerti
Bila berjalan sendiri akan ada perpecahan
Maka janganlah ego yang ditampilkan dalam diri
Sebab justru akan menimbulkan permusuhan

Jadi carilah sahabat yang berjalan dijalan Allah
Karena ia akan membawa kita pada keselamatan
Yang selalu mengamalkan sunnah Rasulullah
Karena itu yang terbaik dalam kehidupan

Sindangkerta, 04-07-23

Pantun Shalat Jum'at

Pada hari rajanya hari
Laki-laki muslim pergi ke Masjid
Untuk memenuhi panggilan Illahi
Menjalankan kewajiban sebagai abid

Di dalam Masjid para jamaah harus diam
Tidak ngobrol pun tidak bersenda gurau
Mendengarkan khatib yang menjadi imam
Begitulah aturan shalat jumat sejak lampau

Mendengarkan khutbah agar mendapat pahala
Sebab ada pelajaran yang baik dan hikmah iman
Mengobrol kala jumat akan mendapat dosa
Maka hindarilah perkara itu jangan kita lakukan

Namun sayang seribu sayang
Shalat jumat bagaikan seremonial belaka
Esensinya banyak yang dibuang-buang
Dengan banyak mengobrol dan banyak bercanda

Maka banyak yang pergi shalat jumat
Hanya mendapatkan lelah saja
Sebab ibadahnya hanya numpang lewat
Karena merasa berat menjalankan sunnahnya

Pada setiap jumat marilah kejar pahala
Dengan ikhlas menjalankan ibadah yang utama
Yaitu dengarkan khutbah dari khatibnya
Agar Allah memberikan rida-Nya kepada kita

Sindangkerta, 14-07-23

Pantun Habit

Manusia tidak lepas dari habit
Yang beraneka ragam macamnya
Ada habit yang mudah ada pula yang sulit
Begitulah setiap insan menjalani habitnya

Yang mudah salah satunya habit malas
Rebahan di rumah tanpa mau bergerak
Itulah orang yang tak mau bekerja keras
Enggan banting tulang juga memeras otak

Yang sulit adalah habit bagi orang sukses
Tak pernah mengeluh terhadap kesulitan
Meski banyak rintangan namun pekerjaan beres
Di dalam hatinya tiada kamus bermalas malasan

Marilah tanamkan habit dari orang sukses itu
Walau sulit jangan lari dan harus dihadapi
Daripada habit mudah yang tidak bermutu
Yang akhirnya seumur hidup kita akan menyesali

Habit sulit yang inti adalah hidup disiplin
Karena akan membentuk karakter diri
Disiplin waktu itulah yang paling menjamin
Untuk menjadi pribadi yang penuh arti

Sebab itulah habit sulit adalah habit yang benar
Selain benar juga baik dalam kehidupan
Maka jadikan habit sulit itu terus mengakar
Yaitu mengakar dalam hati dan pikiran

Sindangkerta, 15-07-23

Pantun Cinta Tanah Air

Tanah Air kita adalah Indonesia
Tanah yang suci dan sangat subur
Di dalamnya terdapat banyak sumber daya
Menyajikan berbagai tumbuhan yang makmur

Sayang banyak pejabat pengkhianat bangsa
Yang manfaatkan sumber alam untuk diri sendiri
Rakyat diperas hingga kering keringatnya
Karena ulah tikus berdasi yang tak tahu diri

Walaupun tiada sosok ayah yaitu negara
Yang sudah sangat lama kehilangan jati dirinya
Namun tetaplah kita harus cinta tanah air kita
Karena ia bagaikan sosok ibu yang bersahaja

Tanah air yang sudah membesarkan kita
Yang sudah merawat kita dengan kasihnya
Sesungguhnya Tuhan 'tlah beri anugerah-Nya
Dengan memberi manfaat yang dikandungnya

Selain cinta kita harus banyak bersyukur
Bahwa paru-paru dunia ada pada tanah air kita
Tanahnya dibuat dengan paling baik agar subur
Yang sangat dibutuhkan hingga ke mancanegara

Lalu apakah ada tanah yang seperti tanah air kita
Yang alamnya mengalun indah harmoninya
Akankah kita pergi dari kecantikan panoramanya
Yang melihat bangga seperti melihat ibu kita

Maka abaisosok ayah yang hilang fungsinya
Karena menelantarkan banyak anak bangsa
Namun tetap simpan rasa sayang dan cinta
Untuk ibu pertiwi yang sakti ini yaitu tanah air

Sindangkerta, 16-07-23

Pantun Gotong Royong

Kehidupan manusia yang harmoni
Yaitu gotong royong dengan sesama
Kekeluargaan terjalin penuh arti
Keadaan kondusif rapi dan tertata

Tidak ada yang mementingkan diri sendiri
Yang ada untuk kemajuan bersama
Rukun makmur dan penuh damai
Begitulah gotong royong yang sebenarnya

Gotong royong itu sudah dicontohkan
Dicontohkan oleh leluhur kita dahulu kala
Bahwa yang utama adalah kebersamaan
Terhadap semua orang dan siapa saja

Namun kini gotong royong semakin terkikis
Tak sedikit yang mementingkan diri sendiri
Kebersamaan semakin kesini semakin menipis
Seolah kebersamaan yang ditanam tak ada arti

Kini banyak orang yang bersikap apatis
Membiarkan kondisi orang lain kesusahan
Tak peduli mereka hidup dalam tangis
Menutup penglihatan menyumpal pendengaran

Jadi marilah kita bergotong royong lagi
Meneruskan apa yang ditanam leluhur kita
Jangan sampai kita tergolong yang tak peduli
Terhadap sesama yang ada diantara kita

Pupuk dan suburkan lagi sikap kebersamaan
Yang telah lama hampir hilang tertelan bumi
Itulah fitrah kita yang menjunjung kemanusiaan
Sifat gotong royong yang tersimpan pada nurani

Sindangkerta, 17-07-23

Pantun Sayyidina Ali

Sahabat Nabi ini adalah Sayyidina Ali
Menjadi Khalifah keempat di masa kenabian
Seorang yang yang berilmu juga pemberani
Yang bagi kita adalah salah satu tokoh panutan

Julukan beliau adalah babul ilmi
Pedangnya adalah pedang dzulfiqar
Beliau berani menghadapi musuh sendiri
Dengan gagah perkasa dan tanpa gentar

Julukan lainnya adalah karamallahu wajhah
Karena wibawanya beliau yang sangat tinggi
Begitulah julukan yang diberikan Rasulullah
Yang para sahabat lainnya segan terhadap Ali

Pernah suatu ketika menghadapi orang kafir
Yang berbadan besar juga ahli bertempur
Sayyidina Ali yang yakin bahwa ia juga mahir
Untuk melawannya tanpa sekali pun mundur

Meski sudah dilarang Rasulullah
Tetap saja Ali menawarkan diri
Akhirnya diizinkan oleh Rasulullah
Untuk bertarung sendiri sendiri

Dengan keyakinan Ali melawannya
Menahan gempuran dari sang lawan
Tanpa diduga dan juga tanpa disangka
Lawannya pun dapat beliau tumbangkan

Akhirnya Sayyidina Ali meraih kemenangan
Kalimat takbir pun melangit tinggi sekali
Hingga Sayyidina Umar pun terheran heran
Tanpa disangka musuhnya mudah dihadapi

Sindangkerta, 20-07-23

Pantun Semesta (Bumi)

Satu planet yang terdapat kehidupan
Yaitu bumi berwarna biru yang indah
Kita harus bersyukur kepada Tuhan
Sebab hanya di bumi kita hidup alamiah

Ada oksigen yang berasal dari udara
Yang di planet lain tak ada sama sekali
Inilah kasih sayang dari Sang Maha Pencipta
Yang seluruh alam semesta bisa kita afirmasi

Ada tanah yang bisa kita tanami
Sayur-mayur dan buah-buahan
Menjadi bahan makanan yang alami
Bisa berupa mentahan maupun olahan

Ada api yang bisa kita gunakan
Sebagai bahan bakar dan memasak
Api yang kecil bisa menjadi teman
Api yang besar menjadi musuh yang menyalak

Ada air menjadi sumber kehidupan
Tanpanya alam semesta kekeringan
Air juga salah satu sumber yang menentukan
Yang seluruh makhluk sangat membutuhkan

Ada angin yang menimbulkan hawa
Tanpanya ketiga unsur tak akan berguna
Angin juga sangat dibutuhkan oleh semua
Yang keseimbangan hidup dijaga oleh-Nya

Lantas apakah kita tidak akan bersyukur
Sebab Tuhan sudah menjaga kita semua
Lalu janganlah kita menjadi orang yang kufur
Melupakan nikmat yang sudah diberikan oleh-Nya.

Sindangkerta, 21-07-23

Pantun Alam Semesta (Tata Surya)

Pada luar angkasa terdapat tata surya
Yang terhimpun pada galaksi bima sakti
Tata surya memiliki 12 anggotanya
Bintang yang paling besar adalah matahari

Delapan planet adalah salah satu anggotanya
Diantaranya ada planet kita yaitu bumi
Matahari adalah pusatnya tata surya
Dengan jarak ratusan juta satuan astronomi

Selain bima sakti ada sebelas galaksi lainnya
Bila dijumlah jadi 12 galaksi di alam semesta
Semuanya berputar sesuai pada jalurnya
Tak ada satupun yang melanggar aturannya

Yaitu hukum yang ada pada jagat raya
Hukum itu berjalan dengan keseimbangan
Walaupun begitu luas hamparannya
Hingga jaraknya bertriliun-triliunan

Tapi tak ada sedikit pun yang chaos bertubrukan
Semuanya berjalan dengan sangat berteraturan
Inilah yang harus kita ambil sebagai pelajaran
Hidup teratur akan membawa keseimbangan

Bayangkan bila tata surya tak seimbang
Alam semesta sudah hancur sejak lama
Begitupun hidup kita yang penuh sembarang
Sudah berapa lama chaos dengan diri kita

Bila demikian kita sudah kalah dengan galaksi penuh
teratur agar menjaga keseimbangan
Sementara kita melakukan pembiaran pada diri
Hidup tak terjaga, selalu melanggar aturan

Sindangkerta, 22-07-23

Pantun Persatuan

Dalam kebersamaan harus ada persatuan
Tanpa mengedepankan keegoan diri sendiri
Agar tidak ada perpecahan dan permusuhan
Haruslah menjunjung keetisan dan nilai-nilai

Sebab dalam persatuan ada persaudaraan
Mencerminkan kokohnya kekeluargaan
Yang tumbuh seperti satu jiwa satu badan
Tanpa harus memilah dan membeda-bedakan

Memang perbedaan pandangan pasti ada
Sebuah kewajaran dalam sebuah keluarga
Tapi janganlah membuat pecah dari diri kita
Karena itu tidak akan baik bagi semuanya

Karena perbedaan itu wujud yang dinamis
Agar banyak pilihan dalam sebuah keputusan
Tetaplah jaga hubungan kita dengan harmonis
Untuk merawat keluarga tetap terjalin keutuhan

Dari perbedaan akan ada kesimpulan yang kuat
Karena mengumpulkan berbagai pandangan
Jalinlah diskusi yang baik dan argumen sehat
Demi kepentingan bersama untuk persatuan

Untuk itu marilah jaga persatuan bersama-sama
Sebab itulah rahasia utama dari sebuah umat
Agar tak tumbang oleh realita dari masa ke masa
Semoga Tuhan senantiasa mencurahkan rahmat

Sindangkerta, 23-07-23

Pantun Kemenangan

Kemenangan yang diberikan itu adalah nyata
Bagi mereka yang beriman kepada Allah
Allah memberi ampunan kepada hamba-Nya
Bagi yang berjalan mengikuti jalan Rasulullah

Agar Allah memberi pertolongan yang kuat
Dan memberi ketenangan ke dalam hati
Hanya kepunyaan Allah-lah tentara yang hebat
Yang diutus untuk kita semuanya di bumi

Supaya bertambah iman kita kepada-Nya
Yaitu kepada Allah yang Maha Bijaksana
Bila sudah semakin bertambah keimanan kita
Kelak Allah masukkan kita ke dalam surga-Nya

Lalu Allah akan mengazab mereka
Yaitu kepada orang-orang yang ingkar
Azab yang sangat pedih kelak di neraka
Hingga mereka binasa karena terbakar

Maka janganlah sekali-kali ingkar kepada-Nya
Yang akan membuat kita tersiksa dan binasa
Kuatkanlah iman yang ada di dalam hati kita
Agar pulang menemui keselamatan yang bahagia

Tentara Allah ada yang di langit ada yang di bumi
Untuk menjaga keseimbangan dalam kehidupan
Mereka diantara kita yang bertugas sebagai saksi
Juga ada yang bertugas memberi peringatan

Agar kita selalu beriman kepada Allah
Untuk bertasbih pagi dan petang
Juga beriman kepada Rasulullah
Sebagai contoh yang kuat di jalan juang

Sindangkerta, 24-07-23

(Pantun ini terinspirasi dari surat Al-Fath ayat 1-9)

Tentang Penulis

Alan Reis adalah nama pena dari pemilik asli Alan Giovani yang lahir di Bandung 28 Juni 1986.

Aktivitas sehari-hari adalah berwirausaha dan membaca di saat waktu senggang.

Alan Reis, memiliki hobi menonton serial sejarah Islam dan berdiskusi bersama teman-teman.

Kini Alan Reis sedang belajar di dunia literasi bersama orang-orang hebat, untuk menambah wawasan dan pengalaman.

Jika ingin mengenal lebih jauh bisa klik di akun FB "Alan Giovanni", akun Instagram "alan_giovani86", akun Threads "'Alan_Reis", dan nomor WhatsApp "081546881681.

www.ingramcontent.com/pod-product-compliance
Lightning Source LLC
LaVergne TN
LVHW090036080526
838202LV00046B/3836